AF494419

30 Avril 1888

TABLEAUX MODERNES

DESSINS IMPORTANTS

Par J. F. MILLET

DESSINS ANCIENS

Me P. CHEVALLIER
COMMISSAIRE-PRISEUR
10, rue Grange-Batelière, 10.

M. B. LASQUIN
EXPERT
12, rue Laffitte, 12.

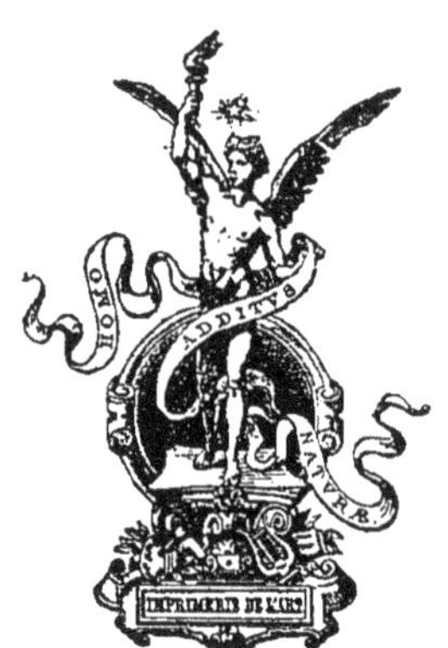
HOMO ADDITUS NATURÆ
IMPRIMERIE DE L'ART

CATALOGUE

DE

TABLEAUX MODERNES

par

Backalowicz, Boudin, Duez, Durand-Brager,
Gegerfelt, Ingres, Isabey, Jongkind, A. De Neuville, De Nittis,
H. Regnault, Roybet, Vollon, Ziem

DESSINS IMPORTANTS, par J. F. MILLET

ET AUTRES PAR

P. Baudry. Charlemont, E. Delacroix, Detaille,
Diaz, J. Dupré, Gavarni, Guillemin, Isabey, Th. Rousseau,
H. Regnault, Roybet, A. Stevens, Ziem

QUELQUES DESSINS ANCIENS

DONT LA VENTE AURA LIEU

HOTEL DROUOT, SALLE N° 8

Le Lundi 30 Avril 1888

A 2 HEURES 1/2

Me PAUL CHEVALLIER	M. B. LASQUIN
COMMISSAIRE-PRISEUR	EXPERT
10, rue de la Grange-Batelière, 10	12, rue Laffitte, 12

EXPOSITIONS

PARTICULIÈRE	PUBLIQUE
Le Samedi 28 Avril 1888	Le Dimanche 29 Avril 1888

DE 1 HEURE A 5 HEURES

CONDITIONS DE LA VENTE

Elle sera faite au comptant.

Les acquéreurs payeront, en sus des adjudications, *cinq pour cent* applicables aux frais.

Paris. — Imp. de l'Art. E. Ménard et Cie, 41, rue de la Victoire.

DÉSIGNATION

TABLEAUX

BACKALOWICZ

1 — *Jeune Femme debout.*

Toile. Haut., 2 m. 30 cent.; larg., 1 m. 30 cent.

BOUDIN

2 — *Le Port de Camaret ; marée basse.*

Toile. Haut., 36 cent.; larg., 58 cent.

DUEZ

3 — *Sur la falaise.*

Toile. Haut., 80 cent.; larg., 1 mètre.

DURAND-BRAGER

4 — *Port en Orient.*

Bois. Haut., 51 cent.; larg., 82 cent.

GEGERFELT

5 — *Paysage.*

Toile.

INGRES

6 — *Tête de saint Pierre.*

Collection Saucède.

Toile. Haut., 48 cent.; larg., 38 cent.

ISABEY

(E.)

7 — *Jeune Fille aux colombes.*

Toile. Haut., 41 cent.; larg., 26 cent.

JONGKIND

8 — *Vue de Dordrecht.*

Toile. Haut., 42 cent.; larg., 56 cent.

JONGKIND

9 — *Vue de Rotterdam.*

Toile. Haut., 42 cent.; larg., 56 cent.

NEUVILLE
(A. DE)

10 — *Étude de wagons.*

Vente de l'artiste.

Bois. Haut., 23 cent.; larg., 33 cent.

NITTIS
(DE)

11 — *Le Mail-Coach ; retour des courses.*

Toile. Haut., 28 cent.; larg., 54 cent.

REGNAULT
(H.)

12 — *Tête de femme.*

Toile.

ROYBET

13 — *Querelle de pages.*

Toile.

VOLLON
(A.)

14 — *Intérieur flamand.*

Toile. Haut., 35 cent.; larg., 47 cent.

ZIEM

15 — *L'Entrée du Grand Canal, à Venise.*

Toile. Haut., 55 cent.; larg., 85 cent.

Dessins et Aquarelles modernes

BAUDRY

(P.)

16 — Étude pour un petit génie de la voussure : *le Parnasse* (foyer de l'Opéra).

Dessin au crayon noir sur papier teinté.

Haut., 23 cent.; larg., 17 cent.

CHARLEMONT

17 — *La Lecture.*

Dessin à la sanguine.

Haut., 35 cent.; larg., 25 cent.

DAUMIER

18 — *Étude de figures.*

Toile. Haut,, 11 cent.; larg., 21 cent.

DELACROIX

(EUG.)

19 à 48 — Suite de trente aquarelles et dessins : études d'armures, de costumes et d'ustensiles ; scènes orientales.

DETAILLE

(ÉDOUARD)

49 — *Guides et dragons franchissant un obstacle*

Aquarelle.

DIAZ

(N.)

50 — *Les Baigneuses.*

Aquarelle.

Haut., 20 cent., larg., 30 cent.

DUPRÉ

(JULES)

51 — *L'Abreuvoir ; soleil couchant.*

Pastel.

Haut., 20 cent.; larg., 36 cent.

GAVARNI

52 — *Le Balayeur.*

Aquarelle.

Haut., 31 cent.; larg., 20 cent.

GAVARNI

53 — *Les Ruines d'un viveur !*

Aquarelle.

Haut., 32 cent.; larg., 21 cent.

*

GUILLEMIN

54 — *Enfants jouant avec un chat.*

Aquarelle.

Haut., 22 cent.; larg., 19 cent.

ISABEY

(E.)

55 — *La Sortie de la forteresse.*

Aquarelle provenant de la vente de l'artiste.

Haut., 19 cent.; larg., 28 cent.

ISABEY

(E.)

56 — *La Promenade.*

Aquarelle provenant de la vente de l'artiste.

Haut., 21 cent.; larg., 31 cent.

MILLET
(J. F.)

57 — *La Falaise.*

Important dessin au pastel.

Haut., 45 cent.; larg., 55 cent.

MILLET
(J. F.)

58 — *Le Coteau ; paysage d'Auvergne.*

Très beau dessin au pastel.

Haut., 37 cent.; larg., 49 cent.

MILLET
(J. F.)

59 — *Paysan dans son jardin.*

Important dessin au crayon noir.

Haut., 33 cent.; larg., 45 cent.

MILLET

(J. F.)

60 — *La Veillée.*

Beau dessin au crayon noir.

Vente Defoer-Bey.

Haut., 32 cent.; larg., 28 cent.

MILLET

(J. F.)

61 — *L'Éducation de l'enfant.*

Dessin au crayon.

Haut., 25 cent.; larg., 37 cent.

MILLET

(J. F.)

62 — *Le Berger conduisant son troupeau.*

Beau dessin au crayon noir.

Haut., 31 cent.; larg., 40 cent.

MILLET

(J. F.)

63 — *Le Faucheur.*

Dessin au crayon.

MILLET

(J. F.)

64 — *La Gardeuse d'oies.*

Croquis.

Haut., 23 cent.; larg., 19 cent.

ROUSSEAU

(TH.)

65 — *La Ferme.*

Dessin au crayon noir.

Haut., 18 cent.; larg., 27 cent.

ROUSSEAU

(TH.)

66 — *Chemin sous les arbres.*

Dessin rehaussé de blanc.

Haut., 20 cent.; larg., 45 cent.

ROUSSEAU

(TH.)

67 — *Paysage près de Barbizon.*

Dessin à la plume rehaussé.

Haut., 12 cent.; larg., 14 cent.

ROUSSEAU

(TH.)

68 — *La Passerelle.*

Dessin à la plume.

Haut., 11 cent.; larg., 16 cent.

ROUSSEAU

(TH.)

69 — *Roches sous bois ; forêt de Fontainebleau.*

Dessin à la mine de plomb.

Haut., 8 cent.; larg., 12 cent.

REGNAULT

(H.)

70 — *Femme mauresque.*

Aquarelle.

Haut., 45 cent.; larg., 32 cent.

REYNAUD

71 — *Porteuse d'oranges.*

Pastel.

Haut., 43 cent.; larg., 27 cent.

ROYBET

72 — *La Chaste Suzanne.*

Dessin à l'encre de Chine.

Haut., 30 cent.; larg., 22 cent.

STEVENS

(ALFRED)

73 — *Marine; effet d'orage.*

Pastel.

ZIEM

74 — *La Camargue, à Marseille.*

Aquarelle.

Haut., 25 cent.; larg., 32 cent.

DESSINS ANCIENS

ÉCOLE ANGLAISE

75 — *La Romance interrompue.*
Scène de roman.

Deux aquarelles vernies à la gomme.
Collection La Béraudière.
Forme ronde.

Diam., 30 cent.

FRAGONARD

(H.)

76 — *Méditation.*

Aquarelle.

Haut., 31 cent.; larg., 23 cent.

HUBERT-ROBERT

77 — *Lavandières et jardinières dans la cour d'un château.*

Aquarelle dans un cadre ancien en bois sculpté.

Haut., 35 cent.; larg., 53 cent.

LANCRET

78 — *Femme debout.*

Sanguine et crayon noir.

Haut., 25 cent.; larg., 17 cent.

LANCRET

79 — *Femme debout tenant un éventail.*

Sanguine.

Haut., 25 cent.; larg., 17 cent.

PORTAIL

80 — *Femme vue de côté.*

Sanguine.

Haut., 26 cent.; larg., 20 cent.

POIZE

(1785)

81 — *La Promenade dans le parc.*

Aquarelle.

Haut., 35 cent.; larg., 27 cent.

PRUD'HON

82 — *Napoléon à Tilsitt* (?).

Dessin au crayon noir.

Vente Boisfremont.

PRUD'HON

83 — *Euterpe.*

Dessin au crayon noir.

Collection Marmontel.

SCHALL

84 — *Offrande à Vénus.*

Plume et encre de Chine.

Haut., 16 cent.; larg., 13 cent.

VIGÉE-LEBRUN

(Mme)

85 — *Femme lisant.*

Sanguine.

Haut., 29 cent.; larg., 16 cent.

WATTEAU

86 — *Réunion dans un parc.*

Sanguine.

Haut., 14 cent.; larg., 20 cent.

www.ingramcontent.com/pod-product-compliance
Ingram Content Group UK Ltd.
Pitfield, Milton Keynes, MK11 3LW, UK
UKHW020533180726
13839UKWH00005B/2490